JN439835

Shin Bong-Kyun

시인 신봉균

눈물 젖은 돌

신봉균 시집

눈물 젖은 돌

Poetics 시학

차 례

제1부 나무 혼불

제2부 돌이 운다

제3부 천년 불심을 찾아서

제4부 매헌의 눈물

제1부

나무 혼불

나무 혼불

나무에게도 혼령이 있다네

숲 속으로 나 빨려 들어가
지난날의 아픔을 잊으려 숲 속을
헤매더니 나는 없어지고

숲의 우듬지에 올라
텅 빈 들판을 바라다보네
빼드렁니 드러난 장승 안고 멀거니
서 있는 내게 나무의 혼령이 다가온다네

훗날 내가 사라져 간 산모롱일
뜨거운 햇볕 아래 누가 묵정밭을 일구랴
생애 내내 내 뒤를 따라온 땀방울이
나의 피를 마시며 나무숲을 이루고 있을지니

나무에게도 일렁이는 혼불이 있다네

잡초에게서 배운다

언덕길 좁아진 아스팔트 바닥
비좁은 가운데로 몸통 넘어져
팔베개한 길가 제법 큰 뿌리 깊은 풀포기
길을 가로막는다

풀도 생명이 있어 제 살 길 찾아가는데
세상을 다스린다는 만물의 영장
나는 과연 어떤가
길거리 잡초한테 배우며 사는
우리네 현실 세상사

잡풀들도 서로 먼저 푸른 하늘 보려고
경쟁이 치열한데 나는 누워만 있는
머리 우둔한 시골 석수쟁이
살아가는 길을 오늘도 풀포기한테 배우며 산다

수목장樹木葬

갑년을 달려온 핏방울들이다
유골함에 담겨
내 손 가까이 나와 손을 잡고
함께 언덕을 오른다

살던 집을 못 잊는지 허우적거리며
재로 변한 알몸으로
조문하는 내 손을 잡고 가는
유년의 친구,

구불구불 산길 돌아 수덕사에 이르러
이승의 나를 쳐다보며
마지막 향불 사르고

고요히 나무 밑에 홀로 눕는다

나목 명상

나목 한 그루 눈보라에 떨고 있다
몸통하늘을 앙 버티고 서서

알몸 가지는 몸이 추운지
지탱하기 힘든지 이리저리 나부끼는
바람에 흔들리고 있노라니

겨울은 언제나 어둡다
언제 멈추려나 저 바람
우리 사랑도 그렇게 지나가려나

촛불 꺼질세라 걱정 속에 하루
해는 그렇게 저무는데
애꿎은 세월만 탓하며
오늘도 지친 해가 서산을 넘어간다

산비알 따비밭

산 아래 따비밭 일구러 온 가족 모여
쇠스랑 괭이 호미 밭을 일군다
물기 없어 산불처럼 연기 풍기는
높은 산 아랫도리

흙만 남기고 돌을 고르는 어린 남매들
풀 매질 당하는 돌멩이들 수북이
쌓이고 쌓여 우리 가족 옛 이야기들
툭툭 꺼내 놓는 자갈얘기 자갈자갈

땀방울에 밥 한 사발도 힘들지만
넓혀 가는 밭만큼 여유로워지는 시간

식구들 굶기지 않으려는 우리 집 가장
힘들지만 어려운 모습 감추시는 아버지
비알진 밭 소가 끄는 쟁기는
워어이 워어이 소리만 메아리로 들려온다

배꽃 판타지
— 어머니 오철순 님께

산등성이 하얗게 피어
길 밝혀 주는 달빛

어머니 무명치마
하얀 밤 환하게 피어나는 저 꽃구름

수평 이루고 먼발치에서
피어 있는 듯 누워 있는 듯 지천 깔려 있는 꽃

오늘은 때 묻지 않은 처녀가슴
손사래 치는 저 어머니 꽃

사직동 배꽃

겨우내 외가지 그리 외롭더니
봄꽃 만발한데도 으능젱이

잿길에 함박눈 내려
순백의 꿈들이 초롱초롱 호롱불 밝히네

그 불길 밟고 가셨다. 오셔서
노년에 넘는 고갯길 보듬어 감싸 주시는
할머니 무명치마

달밤도 오월이면 새하얗게
사직동 구석구석 그리움 피워 놓네

반궁수, 물의 비밀

사람들이 나를 일러 돌이다
투박한 돌멩이다 바위다 하지만

나는 비가 오는 날은 사다리를 타고
하늘 오르는 무용수가 된다
불타오르는 태양이 된다

한낮 무더위에 예수님, 부처님을 떠올리지만
공중에 떠도는 새들의 설법을 듣는다

여전히 반궁수反弓手, 계곡물은 흐르는데
말 잃은 나의 별빛을 그 누가 빛내 줄까

나의 우울과 번뇌를 듣는 여울물에
내 몸속을 울려 대는 목어 소리를 듣는다

제2부

돌이 운다

눈물 젖은 돌

석수장이 정 끝에
튕겨 오르는 아침 햇살,

한여름이 정 끝에서 한숨을 돌리는데
노스님 아침 독경 소리 가만가만 돌에 스며든다

스님 지신 배낭의 여울물은
흘러 흘러 이 여름 어디로 흘러들까

손발 부르트며 들이마시는 돌먼지 붉은 피가
돌에서 스며 나와 눈물 꽃을 피우고 있다

돌뿌리의 눈물

산길 오르다 보면 돌 배꼽이 보인다
정釘으로 쪼려다가 그만둔
그런데 그건 배꼽이 아니라
하늘로 뻗어 가는 뿌리지 목숨의 뿌리

뿌리의 꿈을 향하여
휜 허리 더욱 굽혀 인사를 나눈다

이런저런 발길질에 차인 세상 뿌리의 상처들이
비 젖은 내안 옷섶을 헤집고 들어와
작은 목소리로 그래 배꼽이 아니라 뿌리지 뿌리

산길에서 고스란히 비에 돌부리가
하늘 향해 상처의 울음을 쏟아 놓는다

묘지석

유택이란 것도 산 자들의 몫이다

산 자의 뜻대로 여기저기 끌려다니던
혼령들이 등불을 끄고 누운 유택

머리맡에서 영원으로 동행하며
조그맣지만 아름답게 일렁이는 혼불

절절히 기록해 놓은 생몰의 시간들이
시뻘겋게 살아 일렁이는
대장간의 풀무불이다

바위 위에 새긴 시

내 등을 문질러 벗겨 내면서 글을 쓴다
피멍에 벗겨 나가는 살점
한 땀 한 땀 눈물로 새겨지는 각자刻字들,

바위에서 걸어 나온 내가
글씨의 산마루를 짊어지고 간다

눈에 보이거나 말거나
내 등 땀에 절어 후줄근한 잠방이 걸치고

쓸쓸히 쓸쓸히 바위 속에서
걸어 나오는
나의 분신分身들,

아파 마라, 오늘도
내 심장을 후벼 파내어
말 없는 돌 위에 유언을 쓴다

돌의 숨소리를 듣다
— 돌의 노래_계정리 간판석

하루 몇 번씩 가쁜 숨 몰아쉬는 돌 하나 있다
한 번도 거르지 않고 반복되는 들숨과 날숨 소리
소중한 줄 모르고 지나치는 내 일상의 폐부를 꿰뚫으며
첫새벽 계정리* 맑은 공기가 나를 들이마신다

무량하다. 내가 어떻게 오늘까지 존재할 수 있었을까
아무 탈 없이 한세상 꼿꼿이 서 있을 수 있었을까
산그늘 내리는 응봉의 작은 산고랑에서
구토를 하면서도 여기까지 동행해 온 나의 하늘 중심

눈보라 폭풍에도 당당히 선 공장 입구 계정리 간판석이여
한 우주를 옮겨 와 오늘도 나를 품어 주는 나의 하늘이여

---

* 계정리 : '주식회사 예산석재' 가 있는 예산군 응봉면의 마을명.

돌이 되어 돌과

까칠한 내 모습
엽총 들고 사두 팔방 산을 타던 내가
갇혀 있는 한 마리 작은 새로
수술용 칼날을 마주 서 보고 있다

뚝
뚝
뚝

떨어지는 소금 물방울 사이
돌덩어리가 쓸개를 메웠다는 말을 남의 말처럼

의사는 대수롭지 않게 돌을 말하지만
평생 돌을 다룬 내 몸에 돌덩어리가 들어와
내 손끝에서 팔려 나간 돌들이

모조리 살아나서 내 몸을 점령하고 있다

나를 떼어 낸 쓸개가
조각낸 쓸개가
조각낸 돌덩어리와 산다

돌이 운다

— 밤새 돌 울음소릴 듣다

어쩐 일인가
늘 보던 상석 하나 밤 깊어 흐느끼고 있다

눈물방울 사이로 일찍 객지로 떠나간
둘째아들 눈물방울이 보이고
반겨 주시던 형님 내외분 옷자락이 펄럭인다

고향의 고샅은 늘 새벽 미명의 문을 열고
못다 한 효도에 눈물 주체할 수 없어
부모님 산소에 상석을 앉히는데 아, 웬일인가,
죽은 줄 알았던 돌덩이 상석이 흐느끼고 있다

그 시절 아버지 연륜에 접어든 둘째아들
눈시울이 해 노을로 붉어져 가고 있다

자갈자갈 봄을 부르며

응봉의 작은 봇도랑
이리 차이고 저리 밟히며 뒹구는 자갈들이
진달래 산벚나무에 슬며시 몸을 비빈다

어디서 나아왔나
산뻐꾸기 성급히 울기 시작하는데
고향 떠나 길 잃고 배회하는 자갈돌들이
자갈자갈 소리 죽여 울고 있다

폴폴 아지랑이 실눈 뜨고
응봉뜨락 돌밭 곳곳에서 봄이 매화포를 터트린다

묵묵한 돌
— 돌 · 7_마을 표지석

묵묵히 제 할 일 찾아 일하는 돌이 있다

마을 입구 높은 둑을
온몸으로 받쳐 스스로 둑이 되고 길이 되는
꿈길 속의 돌들

자주 오래된 제 몸 허물어 아래 둑으로 나앉는
둑도 더러 제 턱을 받치고 깊은 생각에 잠겨 본다

힘을 키워야지, 더 꿋꿋하게
어둠을 밝히는 별빛처럼
내 할 일 다하며 스스로 빛나야지

쉴 새 없이 산 물줄기 장단 유혹해도
오로지 제 어깨에 내공 불어넣으며
볼품없이 박혀 내 안에서 크는 꿈돌이 있다

돌에도 싹이 튼다

아침부터 봄비가 내린다
한 해 일을 시작하는 농사

추적추적 비설거지 바쁘게 움직이는
촌부의 하루가 빗속에 묻혀 시작한다

물을 가득 담고 출렁이는 노란 플라스틱 통 속
그 속에 볍씨 노랗게 질려 있다

기다리는 농부의 타들어 가는 가슴
그 속에 몰래 앉아 있는 작은 돌 하나

매일 쳐다보면서도 보지 못한 돌
오늘도 싹이 틀까 들여다본다

예당호 바윗돌

저수지 안에 자라는 버드나무
봄이 버들잎에 들어가 앉아
먼저 와 눈 뜨고 있다

수초 속을 유영하는 참붕어
알 낳을 장소를 찾지만 여의치 않다

눈을 씻고 헤엄을 치지만
붕어를 잡으려는 그물만이 앞을 가린다

숲의 버드나무 뿌리 숲
편안한 그늘이 반겨 주는

예당호 바닥에 구르는 바윗돌이
천 년 역사 백제의 영혼이 잠자고 있다

바람의 돌

아침 차가운 날씨
길 잃은 조약돌 울며 서성대고 있다
떠나온 집이 그리워서인가

어둠 속에 추위와 견주어 싸워야 하는
덩치는 작지만 너는 용맹한 전사

하늘의 별은 총총 어둠을 밝혀 주지만
어둠 속 길가에 엎드려 소리 없이
너는 떨며 숨어 있다

더 깊이 숨어야 하나 추위와 바람에 맞서
길을 지켜 가야 하나

아무도 쳐다보지 않는 길가의
작은 돌멩이 하나

조약돌에게 묻다

뼈 한 조각이 길 잃은 채 흐느끼고 있다
별 총총 어둠을 밝혀 주는 냇가에서

단단한 뼈눈물 삼키며
살점 도려낸 뼈마디 절규 내쏟고 있다

숨어 울면서 얼마나 많은 추위와 바람에 떨어야 했나
깊이 숨어 울면서 나의 길을 지키려고

냇가 작은 조약돌에 다가가
홀로 세상만사 번민을 털어놓는다

찌그러진 돌

석별의 정이 무엇인지
묵묵히 제 할일 찾아 일하는 돌
무거운 둑을 받치고 있는

턱을 받치고 생각에 잠겨 본다
힘을 키워야지 누구한테도 꿋꿋하게
저 할 일 다하는 어둠을 밝히는 별빛처럼

흘러가는 물줄기 장단 유혹해도
어깨의 내공을 불어넣자

오늘도 할 일 다하는 마을 입구
찌그러진 돌 하나

돌의 시간 속으로 걸어 들어간다

무료한 시간 딱딱한 암흑 속
돌의 시간 속으로 걸어간다

자리 잡은 검은 세상뿐
보이는 것 없는 양지쪽

너른 창공의 확 트인 공간
너와 나 손잡은 검은 바위들

눈이 있어도 볼 수 없고 추위에 강한
세찬 비바람도 온전히 참을 줄 아는

화단 모서리 종대로 서서 손에 손잡은
둥글게 터 잡은 꽃밭둘레
돌들, 바위들

자갈돌의 노래

봄바람 타고 내려오는 휘파람 소리

방향 없이 내딛는 발길
갈피 못 찾아 헤매는 자갈돌

지금도 길을 잃고 고향을 배회하는
이리 차이고 저리 차이는 행길의 자갈돌들

장마철 물에 잠겨 잘름잘름 발을 구른다

질퍽대는 궂은 날 길 밟고 건너는 징검다리
흙탕물 속 서로 삐죽이 고개 내밀어 숨 쉬며
나 여기 있소? 삐죽이 나를 올려다본다

공동묘지 비석

가신 님 그리워 부동자세 서 있는
저 묘지기 비석
부둥켜 않고 꼿꼿이 서서 기리는
검은 빗돌의 하얀 눈물

어제 다녀간 가족 생각
한생의 길은 말이 없는가
하늘은 파랗게 높이 솟아 있는데
뜨거운 햇볕 아래 서 있는 나는 저승의 수문장

비바람 몰아치는 날도 차렷 경례
길게 목 빼들고 누가 다녀가나 내다보는
나는 검은 비석

나 살던 집은 저만큼 쳐다뵈는데도
다가가지 못하는
깊은 수렁의 외마디 소리를

누가 들어줄까나

죽어 문드러져 뻐울음 흐느끼는 공동묘지 빗돌

구르는 산돌

온 산을 뒤덮은 송림 사이
빨갛게 누워 있는 한 무더기 자갈돌들
함께 모여서 얘기를 나누는데
머리 위로 바위가 굴러 내린다

어디나 방해꾼은 있는 법
눈총 맞은 자갈돌이 이 산에서
이탈해서 어디로 갈까
재주넘기 잘하는 둥근 모양의 돌들

굴러가는 돌을 막아 주는 이 없는
첩첩산중 길가에 튀어나온 나무뿌리가
툭툭 말 걸어오는 산속에선
인간 세상 가볍게 여기는 돌부리 세상이다

제 탓을 모르고 남을 탓하는 자는
이렇게 굴려 주면 어떠랴

산속에도 항상 정의가 가득히 숨 쉬고 있어

착한 자 부지런한 사람들만이 즐거움을 만끽하는 저 산속

돌은 오늘도 흐른다

떠가는 세월도 뒤돌아보면
나를 완성시킨 시간이어라

겨울비 촉촉이 나를 적시는 샘물
매일매일 달라지는 내 모습

하얀 머리칼 비늘 돋는 모습
여름철 장맛비로 나를 가득 채운다

너는 나를 하얗게 만들고
빛바랜 검정 빛깔 초췌한 군상으로 남지만

오늘이 가면 언제 찾아오려나
하늘의 구름은 돌의 모습이 없이
강물에 떠밀려 하구로 내려간다

사랑의 봉홧불

— 검은 구들장

사랑방 구들은 차디차지만
손님이 오면 따뜻한 척 내숭을 떤다
추운 겨울엔 방에 얼음이 얼지만
새카만 구들장은 소리 지르며 달아오른다

내가 있어 세상이 있듯이
까맣게 그을린 저 구들장이 있어
방이 사랑방이 되는 것

손님만 오면 제일 먼저 방문을
여는 사랑방은
우리 집의 영원한 봉홧불

오늘도 차가운 문간방 아궁이에 불을 지핀다
제 몸은 검게 그슬렸어도 속은 하얀 돌
흰 돌이랍니다 뜨거움에 검게 탄 저 구들장 돌

제3부

천년 불심을 찾아서

수덕사 아기불상

웃음 띤 조각품 앉아 두리번
햇빛이 가랑가랑 나뭇잎 사이로 비치는
쾌청한 날 이 사람 저 사람 바라보는
때 묻지 않은 아기 눈망울

'욕심을 비우라'
'다 내려놓으라'
실눈 뜨신 부처님 미소가 정갈하다

온 세상 티끌
주머니 먼지까지도 깨끗이 털고
산에 오르면 정신도 맑게

발걸음 힘차게 내디딜 때
세상 사람들 편안히 오르시라고
머리 조아리고 합장한다

대웅전 댓돌

네모난 돌 정으로 다듬은 댓돌
신발 가지런히 신고 벗는다
생김새는 각져 날카로워 보여도
속은 부드럽고 포근한 댓돌

어릴 때 그 돌만 바라봐도 차갑게 보이던
직사각형 모난 돌
숱한 사람이 밟고 지나가도 묵묵히 참고
오늘처럼 추운 날도 잘 이겨 낸다

오는 분 가는 손님 맞이하고 보내는
하얀 소복의 마음 둥근 미소를 보낸다

대웅전 앞 댓돌 오늘도 뭇사람에게 짓밟혀도
흐뭇하게 미소 짓는 가지런한 댓돌

댓돌 위 하얀 신발 하나
— 용산 스님께

첫새벽 노스님과 다향을 나눈다
방 안 그윽하게 사람의 향기 진하게
천불전 예불 소리 골짜기 타고 피어오른다

하루가 시작되는 덕숭골 이른 아침
조용조용 발걸음 신발 벗는 댓돌 위에
하나도 제 몫 못 하는 것 없다

부지런한 산새는 반야심경을 읊조리고
자갈돌 밑 기는 가재는 바람 소리를 받아 적는다
쓴다는 것은 세상 돌아가는 얘기 듣고 하는 것

오늘 아침부터 다향 풍기는 큰스님 말씀
방은 지금도 그분 염화미소로 향 내음 가득하니
방에 혼자 앉아 있어도
그분 말씀 천리향香으로 그윽하다

천장암에 와서

— 경허 스님께

산꼭대기 나무숲에 가려
안 보이는 집 한 채 고즈넉하다
깊은 골짜기 경허 스님 숨결이 흐르는
계곡 갈까마귀 우짖는

석양 등지고 할 일 다한 돌멩이 하나
아래로 굴러도 아무도 받쳐 주는 이 없다
높디높은 저 산 홀로 서기를 반복하지만
아무도 봐 주는 이 없다

낯선 땅 경허 스님 독경 소리만 남아
산울림으로 퍼져 가는 골짜기 속
둥둥 떠가는 흰 구름만이 보고 가는
가야산 산마루 뾰족 솟은 천장사 홀로 외롭다

속세 떠난 스님 목탁 소리 은은히
스며 나오는 산사

안개 속 처마에 흐르는 빗물이
인생무상 세월을 말해 주는 천장암

만공탑 우러르며

비는 추적추적 마른 땅에 못 박는 소리
오롯이 비를 맞으며 묵묵히 서 있는 저 탑
추위에 비바람 알몸 맞으며
자세 흩트리지 않고 침묵하는 돌탑

가신 만공 스님 공덕 기리려
누가 돌 천년탑 만년을 세웠는가

참선을 제 몸으로 우리들에게 깨우쳐 주신
큰스님 만유인력의 지혜
석공이 제 몸 깎아 세운 돌 저 탑을

스님의 독경 소리 지금도 귓가에 쟁쟁
맑고 향기롭게 살아라 타이르는
나직하게 메아리 소리 들려온다

개심사 가는 길

초여름 귓가에
가야산 자락 그늘막을 드리운다
가부좌 틀고 앉아 땀 흘리는 오월 산
편안한 듯 있어도 세상을 보면 마른 눈물 한 방울 떨군다

왕벚꽃잎 더위에 지쳐 떨어져 가고
한적한 오후 백일홍 두 팔을 벌리면
부처님 감로수 시원하게 솟아나고
보리수 꽃 찾아드는 벌 나비 쌍쌍

웃다 지친 배롱꽃 바닥을 기면
시나브로 뒹구는 어제 여인 추억 하늘꽃
구부러진 길이 산사의 초여름 허리를 감고 간다

허공꽃

법어들이 허공에 꽃망울 피우는 시간

산다람쥐 서서 오롯이 합장하고
한쪽 구석에 부처님 말씀이
인심 후하게 감로수 터뜨린다
염화시중 부처님 실눈이 첫새벽을 꽃피운다

금오산 골짜기 따라 범종 소리 돌아오고
목탁 소리에 촛농이 저 혼자 흐느낀다
새벽길 멀리 걸어와 스스로에게 삼천 배 올리는
향천사 법당

오백 나한

— 향천사에 올라

비탈길 힘들게 올라와
지나간 마음 고향 찾아와 무릎 꿇는
어머니 간절하게 기도드린다

애틋한 인연에 멍들어 여기까지
나한 닮은 배 속 아기 생각만 해도
뿌듯한 그리움 일렁인다

지금이라도
마악 문 열고 나올 것 같은
배내 발길질하는 우리 아가

부처님 닮은 아가는
나한의 깊고 맑은 독경 소리
그윽하게 흘러나오는 향천사 나한전

탈해사

이슬과 나뭇잎의 법어를 심중에 꽂는다
후미진 계곡 골목길 돌고 돌아
마침내 다다른 이순의 법당
을 가득 채우는 부처님 말씀

산 굽이굽이마다 가파른 길 따라 올라와

몹시 아픈 몸뚱어리를 씻어
깨끗이 씻고 또 씻어 정갈하게 합장하는
탈해사 부처님

작은 평화

— 동자꽃

흰 고무신 줄레줄레 큰 스님 따라
법당 안에서 무릎 꿇고 삼배 또 삼배
따라 하는 동자승
무거운 눈꺼풀 억지로 치켜뜨고
할아비 스님 하시는 그대로

석등 위에 걸린 한낮의 눈썹달 내려다보면
하루를 지나치는 듯 바라다보면
골자기 까만 기와지붕만이 나타나는
작은 암자가 보이는 그 절
아침 공양 산나물만이 식탁에 향기롭다

앞마당 장독대 지켜보는 산사
조용하게 흔들리는 절의 모습 의초롭다
학교에 가는 작은 동자승 뒷모습이
평화를 짊어진 아침 산의 모습이다

미륵불

돌 향기 꽃 안개로 피어오르는
나그네 산나물 입 안 가득
허기진 배 채우려
배고픔을 잊으려 오물거린다

웃음 가득 미소 속에 흰 구름도 두둥실
해맑은 하늘 꿩 소리 유난히 한가롭다
평화 기도 속에 공덕 넘실거리는
가야산 보원사지 낡은 옛터

당간지주 무더운 여름 파수병으로 서서
계곡물 피라미 더불어 친구가 된다
오늘도 하루가 기울면 태양도 저녁 술에 취해
허위허위 서산을 넘어가고

다시 내일 치 희망을 약속하는 부처님의 땅
늘 속 타는 내 안처럼
세월의 빛과 그늘을 말해 주는
용현계곡 삼존불상

미완성 부처님

먹금줄 튕길 때는 그럴싸해도
막상 완성된 작품에는 별 흥이 없다
그러나 석수쟁이 망치질 한번이면 다시 살아나
핏줄 근육 불끈 일어선다

화강암 태어날 때는 무뚝한 돌이었지만
지금은 심금을 울리는 예술품 되어
석공의 미소 띠며 사바세상 굽어본다

지나는 사람 미소로 바라보니
살아서 숨 쉬는 관세음보살상인가
생로병사 괴로움 잊게 하는 미완의 보살상은
오늘도 생명의 향기 길어 내는 대웅전 지킴이

강댕이골 초봄 마애삼존불

다시 천 년을 기다리다가 느리게 찾아오는 봄
미세한 땅속 움직임에 봄 가야산
천둥이 운다

바라만 보아도 평안한 저 화아한 미소
하필 바위에 터 잡아 웃고 서 있는가

바윗덩어리와 정 끝을 끌어안는 봄 햇살이
무수히 나를 쪼아 대던 간 겨울의 정 칼자국들
모두 불러 봄볕 아래 형제들처럼 앉히고
천 년 다시 천 년 지나 이 세상에

전생의 미소를 탄생시키는
저 어머니 모습을 보아라

부처님 여물통

용현계곡 뜨거운 잔디 방석을 베고
깨진 구유 하나 편안히 누워 있다

물 흐른다고 반드시 냇가는 아니다
속이 텅 비어 있다고
인생이 허전한 것만은 아니듯이

누군가에게 목 적셔 줄 물이 되지 않으면
누군가의 속을 덥혀 주지 못한다면
그건 물도 밥도 아니다

가진 것 다 내주는 보원사지 잔디밭 위
저 부처님의 여물통을 보아라

세계일화 부도탑

— 봉곡사에서

언덕길 절세가인들 늘어서서
손뼉 치며 맞아 주는 가파른 산길
만공 스님 목소리 산새 울음소리로 흘러나와
낙락장송 읍하고 귀 기울이는 계곡

동리 가운데 깊은 계곡은
이름 모를 산새 소리로 재잘재잘
세계 일화 부도탑만이 세상 소식을
전해 주는 조용한 입구의 탑

건너편 부처님 향 내음이 흠씬
젖어 산길 따라 흘러가고
대웅전 처마에 잉잉거리는 벌 떼
목탁 소리가 귓전을 때린다

골짜기 흐르는 물만이 천년 사연을 알리라

소나무와 처마 끝 늙은 이끼만이
봉곡사 세상 사연의 깊이를 가늠하리라

제4부

매헌의 눈물

예당호 밤 풍경

빨리 오라 돌아오라고 까치발 딛고 바라본다
희뿌연 달무리 웃음소리로 깨우며
밤 물살 가르는 한 무리 참붕어 떼

서서히 별들이 내려
물 젖은 키 늘씬한 능수버들이
눈물 찍어 보내던 걸음 흔들어 보이는데

밤이면 더치는 그리움 비늘 솟구쳐
반 뼘 목숨 줄기 다 타들어 가다가
씩씩거리며 마침내 봄 물살에
산란하는 예당호의 풍경

산성리에 첫눈 흩날리고

하늘이 우주로 뚫려 가는 시간
허공 타고 내려오는 부처님 손잡고
걸어오는 동자승 미소 띤 얼굴

잿빛 하늘에 허공꽃 피우며
동안거 산방 기웃거리는 겨울 초입

저 높은 금오산 산정
첫눈 오순도순 모여 사는 산마을엔
언제나 분분히 날리는 바람꽃잎

하얗게 함박웃음 열리는 첫사랑도
그 계곡 물소리도 귀 열고
성급하게 봄을 기다리는가 보다

안개로 가는 길

희뿌옇게 보이는 벚꽃 길
가로등을 좇아 안개 속을 걸어가고 있었지

불빛만이 파수병처럼 세상길을 지키면
미소를 간직하고 사뿐히 앉아
향기 내뿜고 있는 꽃들이 세상을 내다본다

나와 같이 길을 걷고 지나는 터널 속
알 수 없는 세상을 빠져나간다
안개로 가는 길

떠내려온 딴산

— 예당저수지에서

예당저수지 둑길을 막고 서 있는
'딴산' 이란 이름 전라도에서
떠내려와 예당의 다른 산이라는
이름으로 전해 내려온다는 저 산

오늘처럼 부슬부슬 비가 내릴 땐
하얀 비 안개가 막아 서 주고
오고 가는 손님맞이할 때는
환한 미소로 맞이해 주는 저수지

봄날 붕어 산란기엔 트럭으로 잡아 내도
줄지 않는다는 물고기 군단 아지트
첨벙첨벙 튀는 물소리만 들어도
낚시꾼들 자리를 못 뜨게 만드는 그곳

오늘도 봄비가 쉬지 않고 내려
저수지 물을 채우는 저 바다

어머니의 품속처럼 포근한 예당지

오랜만에 만나도 반가운 '딴산'의 하루

돌다리 명상

반듯이 혼자 누워 있는 돌다리
나를 밟고 지나칠 때 누구든 편할까
쉽게 드러누워 있어도 두드리며 지나간다

밟고 지날 때 허리가 부러지진 않을까
받치고 있는 냇둑은 괜찮을까
편안히 있는 것 같아도 모두가 불안하다

내가 있어 돌아가지 않고 지나치는 길목
건너뛰기 지나는 모든 이의 길
건강하시기를 오늘도 하늘을 보며
기도해 본다

개울을 가로질러
저 혼자 건너갔다 돌아오는 돌다리

어둠

어둠은 우리 눈을 의심케 한다
아무리 잘 아는 숲길이라도
숲 속에는 무서움이 섬뜩 숨어 있다
화살촉 날아올 것 같은 예리함이 느껴진다

어둠 속 깊이 어떤 생명체가
도사린 듯 칠흑의 밤
돌연 앞을 스쳐 지나가는 섬광
쭈뼛쭈뼛 머리카락이 일제히 일어선다

어둠이 하나의 두려운 눈빛이 되어
지나간 길 표식을 한다
차가운 겨울밤 어둔 발자국 길을 내며
나무에서 바닥으로 기어가는 저 밤 고양이

향천동의 가을

가슴 마른 계곡을 적시며 산행을 시작하는 여기,
대나무 뜰 지나 솔향기 머무르는 가을 숲에 닿는다

겨울을 재촉하는 비 내리는 이런 날이면
깊이를 알 수 없는 눈물의 향기

흉부 속 비밀스러운 통증의 천막을 쳐 대는데
여기 나 사는 곳을 떠나가야 할 길은 더욱 멀어
지친 발길 따라 또 이 가을 길 떠날 채비를 한다

늘 머무르려 하나 언제나 머물 수 없는
이 쓸쓸한 시간의 간이역
여름의 가슴들을 떠나보내는 이 늦가을 철로 위로
쓸쓸한 내 발자국 소리 따라 향천동의 가을이 붉어
간다

매헌의 눈물

소리 없는 어둠이 반도를 뒤덮어
암흑의 그늘을 뚫고 죽음이라는
큰 뜻 품고 시대를 앞질러 간다

도중도*의 새벽이 동터 올 무렵
한 무리의 섬광이 전신을 관통하여
오늘로 생을 마무리하는 날,

하늘도 알았으련만 더 조용하다
"내 한평생 목숨의 흙을 뿌려 조국에 바치리라"
홍구공원 하늘을 들썩이는 매헌 눈물의 함성

---

* 도중도 : 충남 예산 윤봉길 의사 생가 터.

안개 터널 꽃향기

안개 터널에
희뿌옇게 벚꽃 덤불 피어오른다

어디가 어딘지 가늠 못할
지상의 길들을 사려 안고 터널에 몸을 묻으면

어눌한 세상의 언어들이 나를 빠져나간다
갑자기 펼쳐지는 꽃 더미의 해일

끝이 안 보이는 안개 길 갈지라도
보아라, 저것은
피었다 사라지는 내 목숨의 꽃향기 아닌가

금오의 봄

겨우내 죽어 있던 숲 속
산머리에 숱이 자라나 검푸르다
하늘로 떠난 내 동생 머리 부스럼 솟아나고
어미 새들은 바삐 보금자릴 튼다

찔레 몇 무더기 벌써 산자락 키를 휘감고
새순 다발 뭉쳐 찔레향 내던지면
긴 겨울 어눌했던 나의 오른쪽 불수의 몸
나를 마비시켰던 내 꿈들이
짙푸르게 산정에 되살아 오른다

기지개 켜는 산 아지랑이가 물결 이랑을 찰랑대며
꿈틀꿈틀 살아나는 금오산의 봄
산 위에서 굴러 내리는 돌무더기가
우르르 쾅쾅 겨울의 얼음장을 깨뜨린다

오솔길을 걸으며

솔향 그윽한 길
저녁에도 밤길에도 만나 내일을
설계하던 오솔길을 간다

길가 뒹구는 은행잎 땅 위에
작은 돌과 어울려 굴러간다
노랗게 가을이 저 혼자 깊어 가고

높은 하늘 청명이 하얀 구름에
평화로운 우주를 싣고 떠가며
넓은 세상 나의 돌 꿈을 꾸는데

내 앞에는 손잡아 주는 이 하나 없는
캄캄한 암흑의 장벽이 길을 막는다
나는 지상에서 홀로 처절함의
벼랑 그네를 탄다

봄비

밤이 새벽을 깨우는 발자국 소리 들린다
땅속에서 달려 나오는 새싹들 여린 함성들
까만 돌 무리 쉴 새 없이
빈 무쇠 가슴을 거칠게 두드린다

날마다 지나다니면서도 못 본 새벽이
세상에 차이고 소문에 밟히면서
삐죽 사람들 세상에 얼굴을 내민다

묵묵히 제자리 뿌리내리며 사는
돌의 한평생이 초롱초롱 실눈 뜨는 새벽

비 맞으며 저 혼자 걸어오는
내 전생의 발자국을 만난다

봄의 전령

꽃으로 태어나 아름다운 생명인가
내가 떨어진 땅은 돌밭
단단한 돌 틈에서 나도 뿌리내릴 수 있을까

모진 목숨 질긴 명줄
타고 돌밭에 내려와서

오늘은 누가 내게 목숨의 석간수를 뿌려 줄까
축 늘어진 나의 손과 발 가슴 위로
어떻게 내려갈까 길 잃고 헤매는 물방울

돌의 눈물이
봄비 되어 내 어깨를 타고 흐른다

아버지의 쟁기질

오늘처럼 비가 내리는 날은
산골 다랑이논에 논물이 가득 고이고
눈물처럼 바지춤 추적추적 적셔 오는 물기 반짝 빛난다

논이 있고 물이 있어
낮은 산 아래 긴 속눈썹 닮은
긴 눈물샘의 아버지

우리 일곱 남매 산 아래 작은 샘이 있어
눈물로 키워 낸 다랑이논

지금도 내 가슴에 일렁이는
다랑이논들
아버지 쟁기질 소리만
워어이 워어이 풍경처럼 들려온다

이팝나무 돌

하얗게 흩날리는 가로수를 보아라
회색 물결 넘실대는 예당호

꼿꼿이 서 있기 어려워
밥상 부여안고 가지 휘어지는 몸통 아래
뿌리 둥치 떠받치고 있는 화강암

눈부신 처녀 젖가슴이 부풀고 있다
올해에도 내년에도 밑둥치 떠받들며
오월 영혼의 기도 올리는 저 순백의 사랑을 보아라

눈꽃등불

하늘 눈송이 등 흔들어 심지 불 밝히네
동짓달 대숲을 깨우며 분분히
칼바람 몰고 오는 새하얀
허공의 날랜 촉수들

맨살 파고드는 시베리아 강추위
폭설에 찢어지는 저 나뭇가지
낯선 새봄이 아래로부터 솟아오른다

외진 숲길
저 홀로 되살아나는 가쁜 숨결들

손님이 오는 거라고 낯선 봄이
꽃눈을 부르는 눈꽃송이 새 등불 켜들고
밤새워 펄펄펄 추억처럼 눈꽃이 내린다

참된 기쁨

안개 자욱한 산등성이
아침 일찍 밀려오는 인파 헤치고 올라간다
사면석불 암굴 지나면서
새벽 이마를 후려치는 맑은 공기를 마신다

오르기 힘들어도 새벽 산이 주는 상쾌함이
헉헉 숨소리 건강 달래 주는
땀방울이 고마움을 알게 하리라

산에 사는 신령님도 모르실 거라
왜 사람들은 높은 산길을 힘들게 오르는지
오늘 산을 다녀와 가벼움을 비로소 알게 되리라

하늘 뿌옇고 무더위가 숲을 달굴 때
반바지에 무거운 삶의 배낭 짊어지고
정상을 오르는 이 참된 기쁨을
수덕산 산마루에 올라서서 깨치게 되리라

■ 해설

돌의 시 또는 생명시학을 위하여

김 재 홍

(문학평론가 · 경희대 정년연장 명예교수)

1. 머리말–힘찬 새 출발을 위하여

신봉균 시인, 그는 내가 고향을 떠나 타향살이 50여 년 떠돈 끝에 돌아와서 처음 만난 고향 후배이자 벗이고, 앞으로도 함께 걸어갈 소중한 도반의 한 사람이다. 나는 늘 그에게서 충청도 고향의 산과 들 내음과 함께 사람의 초록 향기를 맡곤 한다.

알려진 대로 그의 직업은 예산석재 대표, 즉 흔히 말하는 바 석수장이다. 돌 하나에 한 생애를 걸고 돌이 마치 자신의 분신인 양 정성껏 쪼고 다듬으면서 혼을 불어넣으려 애써 온, 성실하면서도 치열하게 하루하루를 살아왔고 지금도 살아가고 있는 사람이다. 그만큼 무겁기 철석같되 그 무겁고 차가운 속에 피를 통하고 살아나서 숨 쉬게 만드는 돌의 장인이면서 시인, 즉 언어의 연금술사라는 말이 되겠다. 그러기에 그의 시에는 일반적인 시인들과는 다른 개성의 호흡과 맥박이 살아 숨 쉬고 있으며 불과 시집 몇 권 펴낸 신진 시인인데도 나름대로 개성 있는 시세계를 열어 가고 있음을 본다. 이에 그의 새로운 출발을 축하하고 격려하는 뜻에서 그의 시세계를 간략하게 살펴보고자 한다.

2. 식물적 상상력과 생명의식

신봉균 시집을 이끌어 가는 기본적인 상상력의 수레는 이른바 식물적 상상력이라 할 수 있다. 그만큼 그의 시에서는 식물적인 소재와 제재, 그리고 주제가 다양하면서도 깊이 있게 변주되고 확대·심화돼 가고 있는 것으로 이해되기 때문이다.

언덕길 좁아진 아스팔트 바닥
비좁은 가운데로 몸통 넘어져
팔베개한 길가 제법 큰 뿌리 깊은 풀포기
길을 가로막는다

풀도 생명이 있어 제 살 길 찾아가는데
세상을 다스린다는 만물의 영장
나는 과연 어떤가
길거리 잡초한테 배우며 사는
우리네 현실 세상사

잡풀들도 서로 먼저 푸른 하늘 보려고
경쟁이 치열한데 나는 누워만 있는
머리 우둔한 시골 석수쟁이
살아가는 길을 오늘도 풀포기한테 배우며 산다

—「잡초에게서 배운다」 전문

이 한 편의 시에서 보듯이 이 시의 모티브는 흔히 가로에서 볼 수 있는 풀 한 포기에서 비롯된다. 그렇지만 그 아무것도 아닌 풀 한 포기에서 시인은 생명의 의미, 나아가서 인생의 소중한 의의를 발견해 냄으로써 풀 한 포기가 하나의 우주적 구성 요소 또는 세상의 중심을 이룬다는 점에 유의하고, 나아가서 삶이란 어떠해야 하고 인간이란 또한 무엇이냐라는 반성적 성찰을 제시한다. 다시 말해 "풀도 생명이 있어 제 살 길 찾아가는데/ 세상을 다스린다는 만물의 영장/ 나는 과연 어떤가"라는 인간 존재에 대한 원초적인 질문을 제기하고 있다는 점에서 이 시는 관심을 환기한다. 이 구절 속에는 생명평등사상과 함께 생명존중사상 나아가서는 만물에 대한 공경과 자기반성이 조심스럽게 제시되고 있는 것으로 이해되기 때문이다.

사실 그렇지 않은가? 우리 인간은 말 한마디 못하고, 제대로 움직여 보지도 못하는 저 식물들에게서 참 많은 생명의 이치와 삶의 원리 및 지혜를 깨달으며 살아가고 있지 아니한가? 아니, 이 세상 모든 동물들, 인간들이 아무리 잘났다 해도 결국은 먹이 하나 스스로 생산하지 못하고 자연이 주는 은혜로서 식물들이 만들어 내는 양분과 에너지를 뜯어먹고 한평생 빌붙어 살아가는 게 바로 현실이고 대자연의 법칙이자 섭리 아니겠는가?

이러한 식물들의 이치와 섭리 그리고 생명 법칙에 대한 조심스러우면서도 겸허한 자기반성과 성찰이 바로 신봉균 시법의 기본이면서도 운행 원리 그 아니고 무엇이겠는가. 그러기에 시인은 "살아가는 길을 오늘도 풀포기한테 배우며 산다"라는 사실을 깨달으며 그 앞에 겸허히 무릎 꿇고 대자연의 크나큰 섭리와 질서를 배우고 순응하며 살아가려 스스로 다짐하고 있다.

이러한 식물적 상상력은 한 걸음 더 나아가서 식물세계에 대한 활물론적 인식을 형성하는 보다 진전된 모습으로 전개된다.

나무에게도 혼령이 있다네

숲 속으로 나 빨려 들어가
지난날의 아픔을 잊으려 숲 속을
헤매더니 나는 없어지고

숲의 우듬지에 올라
텅 빈 들판을 바라다보네
삐드렁니 드러난 장승 안고 멀거니
서 있는 내게 나무의 혼령이 다가온다네

훗날 내가 사라져 간 산모롱일
뜨거운 햇볕 아래 누가 묵정밭을 일구랴
생애 내내 내 뒤를 따라온 땀방울이
나의 피를 마시며 나무숲을 이루고 있을지니

나무에게도 일렁이는 혼불이 있다네

—「나무 혼불」 전문

식물학자들에 따르면 식물들 특히 나무들은 나름대로 혼령을 지니며 숲 또한 정령을 지니고 살아간다고 하지 않던가. 하물며 돌을 다루는 게 평생 직업인 석수장이 신 시인이 어떻게 나무를 깊이 이해하고 사랑하게 됨으로써 나무가 혼령을 지닌다고 생각할 수 있게 되었을까? 그것은 바로 신 시인이 돌의 마에스트로Maestro, 즉 장인의 경지에 근접해 가고 있다는 하나의 증좌가 아닌가라고 해석된다. 그러면서도 "숲 속으로 나 빨려 들어가/ 지난날의 아픔을 잊으려 숲 속을/ 헤매더니 나는 없어지고"와 같이 시적 화자와 나무, 숲, 자연이 범아일체로서 하나가 되는 정신의 황홀경을 맛보게 되는 형국이다.

그렇다 보니 자연히 "훗날 내가 사라져 간 산모롱일/ 뜨거운 햇볕 아래 누가 묵정밭을 일구랴/ 생애 내내 내 뒤를 따라 온 땀방울이/ 나의 피를 마시며 나무숲을 이루고 있을지니" 라는 나무와 화자, 숲과 인간이 하나의 물아일체 또는 육화된 경지에 이르게 된다. 말하자면 유전자로서 식물성과 그 DNA의 계승은 그대로 시인의 전생이자 현생이며, 나아가서 후생을 지배하고 이끌어 가게 되는 정신의 동력 또는 상상력의 구심점으로서 작용하게 된다는 뜻이다.

따라서 결구 "나무에게도 일렁이는 혼불이 있다네"와 같이 마침내 존재의 전환 또는 하나의 초월에 근접해 갈 수 있게 되는 것이다. 인간과 식물의 친화와 교감, 나아가서 영통이란 바로 지상의 삶이 이루어 낼 수 있는 한 정신의 승리 또는 화엄의 경지 바로 그 한 표현이라 할 수 있지 않겠는가.

바로 이 지점에서 시인은 수목장을 노래하게 된다. 수목장이란 무엇이던가? 여러 가지 죽음과 그를 장송하는 장례 가운데 풍장과 함께 가장 자연에 순응하는 모습의 그런 장례 방식의 하나가 아니던가.

갑년을 달려온 핏방울들이다
유골함에 담겨
내 손 가까이 나와 손을 잡고
함께 언덕을 오른다

살던 집을 못 잊는지 허우적거리며
재로 변한 알몸으로
조문하는 내 손을 잡고 가는

유년의 친구,

구불구불 산길 돌아 수덕사에 이르러
이승의 나를 쳐다보며
마지막 향불 사르고

고요히 나무 밑에 홀로 눕는다

—「수목장樹木葬」 전문

결국 그것이다. 시인이 꿈꾸는 장례의 한 방식은 수목장인 것이다. "고요히 나무 밑에 홀로 눕는다"와 같이 결국은 누구나 다 '혼자'이고 '죽음'을 맞이하게 되는 절대 허무의 존재, 절대 고독의 존재 그 아니던가! 시인은 바로 이러한 고요한 깨침, 자연에 순응하며 거대한 신의 질서에 귀의하는 의미 있는 마지막 절차를 나무 아래의 장례, 즉 수목장으로 마무리함으로써 시인의 상상력이 근본적으로 어디에서 시작하여 어디를 지향하고 있는지를 그야말로 겸손하고 조용하게 일러 주고 있는 것이다.

온갖 시기와 모함, 증오와 쟁투로 얽히고설켜 그야말로 짐승 세상 같은 약육강식에 사납고 험하게 휘둘리며 살아가는 인간의 현실에서 시인은 지치고 지쳐 말 그대로 고요한 귀향, 영원한 인식을 식물적인 생명 과정과 그 수목장이라는 상징적 마무리로서 끝마치고 싶다는 염원과 갈망을 조용히 반영하고 있다는 뜻이 되겠다.

3. 광물 상상력 또는 의지의 삶을 향하여

식물 상상력과 함께 신봉균 시의 또 다른 축을 구성하는 것은 바로 광물 상상력이라고 할 수 있다. 광물 상상력이란 무엇이던가? 한마디로 그것은 돌, 바위, 철, 구리, 유리 등 광산물이 이루는 하나의 거대한 상상력 체계를 말한다. 다시 말해 부드러운 식물성과 대조적으로 날카로움과 견고성을 속성으로 하기에 보다 의지적이고 신념적인 것을 표상하는 데 주로 활용된다. 그러기에 그것을 이육사 시인의 경우처럼 시적 표상으로서 이성적, 지성적 또는 냉정함과 투철함을 표상하는 대결정신 또는 극복의지의 상징으로 흔히 받아들여진다.

석수장이 정 끝에
튕겨 오르는 아침 햇살,

한여름이 정 끝에서 한숨을 돌리는데
노스님 아침 독경 소리 가만가만 돌에 스며든다

스님 지신 배낭의 여울물은
흘러 흘러 이 여름 어디로 흘러들까

손발 부르트며 들이마시는 돌먼지 붉은 피가
돌에서 스며 나와 눈물 꽃을 피우고 있다

—「눈물 젖은 돌」 전문

주지하다시피 시인의 생업, 즉 먹고살기 위한 수단과 방법으로서 직업은 세속적인 말로 석수장이다. 그는 한평생 돌을 쪼고 다듬고 그 위에 글씨를 새겨서 먹고 살아왔을 뿐만 아니라 지금도 일선에 서서 여전히 정을 잡고 돌을 쪼아서 돈을 벌고 자아를 실현하면서 사회에 이바지하고 있는 사람이기 때문이다.

인용 시에는 이러한 시인의 일상이 잘 묘파돼 있다. 그런데 그 돌은 '눈물 젖은' 돌이다. 한평생 땀과 눈물과 피에 젖어 마침내 배어 나온 그런 생애사의 온갖 수난과 굴곡, 고통과 시련이 아로새겨져 있는 까닭이다. "손발 부르트며 들이마시는 돌먼지 붉은 피가/ 돌에서 스며 나와 눈물 꽃을 피우고 있다"라는 구절은 시인의 석공으로서의 한 생애, 고난과 인내로 점철돼 온 땀과 눈물이 마침내 눈물 꽃으로 피어난 모습을 잘 형상화해 주고 있는 것으로 풀이된다.

하루 몇 번씩 가쁜 숨 몰아쉬는 돌 하나 있다
한 번도 거르지 않고 반복되는 들숨과 날숨 소리
소중한 줄 모르고 지나치는 내 일상의 폐부를 꿰뚫으며
첫새벽 계정리 맑은 공기가 나를 들이마신다

무량하다. 내가 어떻게 오늘까지 존재할 수 있었을까
아무 탈 없이 한세상 꼿꼿이 서 있을 수 있었을까
산그늘 내리는 응봉의 작은 산고랑에서
구토를 하면서도 여기까지 동행해 온 나의 하늘 중심

눈보라 폭풍에도 당당히 선 공장 입구 계정리 간판석이여
한 우주를 옮겨 와 오늘도 나를 품어 주는 나의 하늘이여

—「돌의 숨소리를 듣다」 전문

어쩐 일인가
늘 보던 상석 하나 밤 깊어 흐느끼고 있다

눈물방울 사이로 일찍 객지로 떠나간
둘째아들 눈물방울이 보이고
반겨 주시던 형님 내외분 옷자락이 펄럭인다

고향의 고샅은 늘 새벽 미명의 문을 열고
못다 한 효도에 눈물 주체할 수 없어
부모님 산소에 상석을 앉히는데 아, 웬일인가,
죽은 줄 알았던 돌덩이 상석이 흐느끼고 있다

그 시절 아버지 연륜에 접어든 둘째아들
눈시울이 해 노을로 붉어져 가고 있다

—「돌이 운다」 전문

말하자면 시인에게 석수장이 일은 단순한 돈벌이 수단, 즉 직업의 차원을 넘어서서 "가쁜 숨 몰아쉬는 돌/ 여기까지 동행해 온 하늘 중심/ 한 우주/ 나의 하늘"과 같이 이미 하나로 육화되어 온 우주나 하늘과 등가를 이루고 있는 모습이라 하겠다. 그만큼 시인이 직업으로서의 석수장이, 돌을 깎고 다듬고 글씨를 새겨 세우는 일에 평생을 다 바쳐 최선을 다해 왔

다는 그런 뜻이 되지 않겠는가.

그렇기에 시 「돌이 운다」에서는 이미 그에게 돌도 생명력을 얻어 흐느끼고 눈물방울을 내비치고 눈시울을 붉히는 그런 모습으로 상정돼 있는 것이다. 그런데 여기에서는 둘째아들인 자기 자신은 물론 형님 내외분, 그리고 부모님들까지도 서로 육화되고 교감되어 하나의 가족사적 질서 또는 공동체 의식을 형성하고 있는 점이 특이하다. 그만큼 돌은 이미 직업적인 대상으로서뿐만 아니라 예술의 차원, 신앙의 차원으로까지 이끌어져 올라 있다는 뜻이 될 수 있으리라.

바로 이 지점에서 마침내 돌 쪼고 다듬는 일로서 석수장이 일은 언어를 절차탁마하는 시인으로서 시 쓰는 일과 하나의 교감체계Correspondence를 형성해 가게 된다.

내 등을 문질러 벗겨 내면서 글을 쓴다
피멍에 벗겨 나가는 살점
한 땀 한 땀 눈물로 새겨지는 각자刻字들,

바위에서 걸어 나온 내가
글씨의 산마루를 짊어지고 간다

눈에 보이거나 말거나
내 등 땀에 절어 후줄근한 잠방이 걸치고

쓸쓸히 쓸쓸히 바위 속에서
걸어 나오는
나의 분신分身들,

아파 마라, 오늘도
내 심장을 후벼 파내어
말 없는 돌 위에 유언을 쓴다

—「바위 위에 새긴 시」 전문

"내 등을 문질러 벗겨 내면서 글을 쓴다/ 피멍에 벗겨 나가는 살점/ 한 땀 한 땀 눈물로 새겨지는 각자刻字들" 이라는 구절의 의미가 예사롭지 않음을 발견할 수 있다. 특히 "쓸쓸히 쓸쓸히 바위 속에서/ 걸어 나오는/ 나의 분신分身들" 이라는 구절 속에는 그러한 의미가 선명히 새겨져 있음을 볼 수 있다. 무엇보다 "아파 마라, 오늘도/ 내 심장을 후벼 파내어/ 말 없는 돌 위에 유언을 쓴다" 라는 구절 속에는 시인이 돌을 다듬는 일이 바로 시를 쓰는 일 그리고 하느님을 믿는 일과 조금도 다르지 않다는 확신과 함께 시 쓰는 일에 대한 신념과 자부심이 첨예하게 드러나 있다. 그것은 어쩌면 하나하나가 시인에게 '유언' 으로서의 비중을 지닐 수 있다는 정신적 비장함의 염원과 자세를 담고 있는 것이기도 하리라.

네모난 돌 정으로 다듬은 댓돌
신발 가지런히 신고 벗는다
생김새는 각져 날카로워 보여도
속은 부드럽고 포근한 댓돌

어릴 때 그 돌만 바라봐도 차갑게 보이던

직사각형 모난 돌
숱한 사람이 밟고 지나가도 묵묵히 참고
오늘처럼 추운 날도 잘 이겨 낸다

오는 분 가는 손님 맞이하고 보내는
하얀 소복의 마음 둥근 미소를 보낸다

대웅전 앞 댓돌 오늘도 뭇사람에게 짓밟혀도
흐뭇하게 미소 짓는 가지런한 댓돌

—「대웅전 댓돌」 전문

그렇다! 시인에게 있어 돌을 다듬고 세워 가는 석수장이 일과 언어를 절차탁마하여 시를 쓰는 형상화의 의미, 그리고 신앙의 의미는 서로 등가를 이룬다. 그만큼 세 가지 일은 다 시인에게 소중한 생업이고 직업이자 본업에 해당한다는 인식을 선명하게 강조한 내용이 되겠다.

이러한 광물 상상력, 즉 돌의 시학은 실상 새 시집 『눈물 젖은 돌』을 관류하는 핵심 방법론이면서 시정신의 근본 동력이라는 점에서 중요성을 지닌다. 실상 시 「돌뿌리의 눈물」, 「찌그러진 돌」, 「돌이 되어 돌과」, 「자갈자갈 봄을 부르며」, 「자갈돌의 노래」, 「공동묘지 비석」, 「바람의 돌」, 「조약돌에게 묻다」, 「돌에도 싹이 튼다」 등 수많은 시편들에서 돌은 그러한 상상력을 전개하는 수단이 되고 주제를 형성하는 동인이 되면서 동시에 하나의 상징체계를 형성한다는 점에서 우리는 그의 시와 시세계를 광물 상상력 또는 '돌과 바위의 시학' 이라고 불러도 좋으리라 생각한다.

앞으로도 이에 계속 관심을 갖고 마치 박두진 시인이 그러했던 것처럼 「수석연가」, 「수석열전」, 「속 수석열전」, 「수석영가」 등 돌을 주제로 체계를 세워 인생 탐구, 예술 탐구, 자연 탐구, 신앙 탐구 연작시 같은 것을 구상해 보고 하나씩 실천해 나아가는 것도 신 시인에겐 의미 있는 작업이 될 것으로 판단된다. 돌, 바위, 광물 등 인간 세계가 더불어 의지하며 살아가는 우주 물질 속에 거대한 신의 섭리와 은총, 조물주의 크나큰 섭리와 예술과 자연의 비의가 숨겨져 있는 것으로 받아들여지기 때문이다.

4. 불교적 상상력 또는 '참나' 를 찾아서

이 시집에서 한 가지 이채로운 것은 시인의 종교가 가톨릭인데도 오히려 그의 시세계에는 그러한 천주교적인 신앙 고백이라든지 기독교적 세계관보다도 불교적인 소재와 제재, 그리고 주제가 유난히 짙게 깔려 있다는 점이다. 왜 그럴까 하는 의문이 그의 시집을 읽는 동안 여러 차례 고개를 쳐들고 있었음은 물론이라 하겠다.

> 웃음 띤 조각품 앉아 두리번
> 햇빛이 가랑가랑 나뭇잎 사이로 비치는
> 쾌청한 날 이 사람 저 사람 바라보는

때 묻지 않은 아기 눈망울

'욕심을 비우라'
'다 내려놓으라'
실눈 뜨신 부처님 미소가 정갈하다

온 세상 티끌
주머니 먼지까지도 깨끗이 털고
산에 오르면 정신도 맑게

발걸음 힘차게 내디딜 때
세상 사람들 편안히 오르시라고
머리 조아리고 합장한다

—「수덕사 아기불상」 전문

그의 시집 원고를 몇 차례 읽고 그와 세상 사는 얘기, 시 쓰는 얘기를 나누며 더불어 살아가면서 문득 하나의 사실을 깨달을 수 있었다.

그것은 종교적인 문제가 아니라 그의 심성이 근본적으로 선하면서 근원적인 면에서 거의 뿌리 의식, 즉 효심이라든지 애국심 또는 자아 탐구와 자아실현 및 자신의 문제를 스스로 발견하고 해결하고자 하는 자기 구원의 노력과 연결돼 있음을 깨달을 수 있었다는 뜻이다. 이는 절대자, 신神의 존재를 믿고 그 섭리와 은총에 귀의하는 기독교적 세계관에 의지하고 살아가긴 하지만 스스로 깨침을 이루고 존재 의미를 발견하며 자기 구원을 향해서 꾸준히 노력해 나아가려는 전통적인 역사의식, 즉 향상심 또는 자발적인 의미와 노력도 시인에겐 그 이상으로 중요하다는 사실을 인식한 결과가 아닌가 하는 점을 발견할 수 있었다는 뜻이다.

시인이란 하느님 다음으로 가는 창조자로서 예술가의 길을 가기로 결심하고 열심히 실천해 가는 사람이 아니겠는가. 또한 흔히 불교 또는 불심을 자력신앙, 즉 스스로 깨치고 이루어 가는 종교라고 말하지 않던가. 이 점에서 석수장이 가톨릭 신자가 불교적인 세계 또는 스님과 절을 자주 찾고 거기에서 시적 모티브와 상상력 또는 주제의 동인을 발견해 내는 것은 아마도 자연스런 일이 아닌가 한다.

인용 시에서도 그렇지 아니한가. 시인은 수덕사 아기불상에게서 바람직한 삶의 정신과 지혜를 배우고 있다. " '욕심을 비우라' / '다 내려놓으라' / 실눈 뜨신 부처님 미소가 정갈하다// 온 세상 티끌/ 주머니 먼지까지도 깨끗이 털고" 라는 무욕청정의 철학을 읽고 배워 간다는 뜻이 되겠다.

비는 추적추적 마른 땅에 못 박는 소리
오롯이 비를 맞으며 묵묵히 서 있는 저 탑
추위에 비바람 알몸 맞으며
자세 흩트리지 않고 침묵하는 돌탑

가신 만공 스님 공덕 기리려
누가 돌 천년탑 만년을 세웠는가

참선을 제 몸으로 우리들에게 깨우쳐 주신
큰스님 만유인력의 지혜
석공이 제 몸 깎아 세운 돌 저 탑을

스님의 독경 소리 지금도 귓가에 쟁쟁
맑고 향기롭게 살아라 타이르는
나직하게 메아리 소리 들려온다

—「만공탑 우러르며」 전문

그의 시에서 주된 배경이자 중심 소재가 되는 것은 그의 향리인 예산의 수덕사와 그 주변이며 그 풍광과 인물들이다. "추위에 비바람 알몸 맞으며/ 자세 흩트리지 않고 침묵하는 돌탑// 가신 만공 스님 공덕 기리려/ 누가 돌 천년탑 만년을 세웠는가// 참선을 제 몸으로 우리들에게 깨우쳐 주신/ 큰스님 만유인력의 지혜/ 석공이 제 몸 깎아 세운 돌 저 탑을" 이라는 구절에서는 수덕사와 그를 둘러싼 덕숭총림의 법맥과 인맥이 시인의 삶과 시, 그리고 석공 예술을 함께 감싸 돌고 있음을 우리는 비로소 확인할 수 있다.

무엇보다도 "스님의 독경 소리 지금도 귓가에 쟁쟁/ 맑고 향기롭게 살아라 타이르는/ 나직하게 메아리 소리 들려온다" 라는 결구는 경허, 만공 스님을 빌려 수덕사와 그 법맥의 살아 있는 숨결과 혼결을 조용조용 되새기고 있는 시인의 내성적인 모습을 보여 준다고 하겠다. 이런 시편들은 경허 스님께 드리는 헌시로서 「천장암에 와서」를 비롯하여 옹산 스님께 드리는 「댓돌 위 하얀 신발 하나」, 그리고 「개심사 가는 길」,

「탈해사」, 「강댕이골 초봄 마애삼존불」, 「미륵불」 등 수많은 시편에서 그 중심 골격을 이루면서 전개돼 가고 있는 것이 특징이다.

법어들이 허공에 꽃망울 피우는 시간

산다람쥐 서서 오롯이 합장하고
한쪽 구석에 부처님 말씀이
인심 후하게 감로수 터뜨린다
염화시중 부처님 실눈이 첫새벽을 꽃피운다

금오산 골짜기 따라 범종 소리 돌아오고
목탁 소리에 촛농이 저 혼자 흐느낀다
새벽길 멀리 걸어와 스스로에게 삼천 배 올리는
향천사 법당

—「허공꽃」 전문

특히 시 「허공꽃」은 이러한 불교적 세계 인식과 세계관이 자연스럽게 하나의 상징 체계를 이루고 있어 관심을 환기한다. 다시 말해서 불교의 근본이 결국은 공空의 완성으로서 깨침의 완성, 즉 허공꽃을 피우는 일이며, 그것은 근원적인 면에서 "새벽길 멀리 걸어와 스스로에게 삼천 배 올리는" 자아 발견과 깨침의 길, 오도悟道의 길이라는 점을 분명히 하고 있다는 점에서 그러하다. 그만큼 신 시인의 시에서 불교 및 그와 관련된 내용들은 시적 자아를 발견하고 깨치며 완성을 지향해 나아가는 일과 등가를 이룬다.

5. 매헌의 눈물 또는 생명 · 사랑의 길

운정 신봉균의 시에서 간과하기 어려운 또 다른 특징은, 그의 시가 그가 나고 자란 향토 예산 및 충청도 인물 사랑의 정신과 깊이 연결돼 있다는 점을 꼽을 수 있다. 고향 사랑이 바로 겨레 사랑이자 나라 사랑이고 나아가서 인류 사랑, 생명 사랑의 길이며 양심과 자유에로 열린 길이라는 점을 확실히 하고 있다는 뜻이 되겠다.

소리 없는 어둠이 반도를 뒤덮어
암흑의 그늘을 뚫고 죽음이라는
큰 뜻 품고 시대를 앞질러 간다

도중도의 새벽이 동터 올 무렵
한 무리의 섬광이 전신을 관통하여
오늘로 생을 마무리하는 날,

하늘도 알았으련만 더 조용하다
"내 한평생 목숨의 흙을 뿌려 조국에 바치리라"
홍구공원 하늘을 들썩이는 매헌 눈물의 함성

—「매헌의 눈물」 전문

매헌 윤봉길 그는 누구이던가? 우리 민족 구성원 누구나 잘 알고 존숭하고 있듯이 그는 강도 왜놈들에게 나라를 빼앗

기고 인권이 유린당하던 그 시절 '대장부 한번 집을 나서면 죽지 않고는 살아 돌아오지 않으리.' 라 다짐하면서 고향 예산을 분연히 떠나 중국 상해 홍구공원에서 도시락 폭탄을 던져 침략자 왜장 시라카와白川 대장을 폭살한 불후의 민족열사, 역사의 의인이 아니던가.

시인이 매헌의 눈물을 노래한 까닭이 과연 무엇이겠는가? 단순히 매헌의 애국심만을 자랑하며 그것을 강조하려는 뜻이 전부이겠는가? 아니다! 그렇지 않으리라, 그보다는 더 높은 차원에서 자유와 평등, 정의와 양심을 짓밟는 불의한 힘, 생명을 죽이는 사악한 세력에 대한 항거이자 그에 대한 수호의지로서 인간애 또는 생명 의지의 발현 바로 그것이 아니겠는가 말이다.

바로 이 점에서 시인이 매헌의 눈물을 통해 정작 강조하고자 하는 것은 정의와 양심을 지키고 자유와 평등을 실현해 나아가고자 하는 더욱 근원적인 생명 사랑의 길이라는 것을 이해할 수 있다.

그래서 그런지 다음 시 한 편이 진한 울림을 던져 주며 내 가슴에 메아리쳐 온다.

사람들이 나를 일러 돌이다
투박한 돌멩이다 바위다 하지만

나는 비가 오는 날은 사다리를 타고
하늘 오르는 무용수가 된다
불타오르는 태양이 된다

한낮 무더위에 예수님, 부처님을 떠올리지만
공중에 떠도는 새들의 설법을 듣는다

여전히 반궁수反弓手, 계곡물은 흐르는데
말 잃은 나의 별빛을 그 누가 빛내 줄까

나의 우울과 번뇌를 듣는 여울물에
내 몸속을 울려 대는 목어 소리를 듣는다

—「반궁수, 물의 비밀」 전문

아직 시인으로서 신봉균 시인은 미완성인 채로이고, 전심전력 노력해 나아갈 점은 한두 가지가 아니다. 다만 이제부터가 삶도 시도, 신앙도 본격적인 시작이기에 지금이 바로 '결정의 시기time of decision', '운명의 시간moment of destiny'이라는 점을 깊이 인식하여 더욱 겸허하고 치열하게 정진해 가기를 희망한다.

■ 후기

절차탁마의 새 정신으로

새로 첫 시집을 펴낸다. 몇 번 시집을 낸 적 있지만. 심기일전 새 각오 새 의지로 새 출발을 하고자 하는 까닭이다. 따라서 이번 시집은 이미 출간한 시집들과는 판이하다. 이유인즉 지난 2011년 여름부터 존경하는 산사 김재홍 교수님의 강의를 듣고, 글을 썼기 때문이다. 그때부터 오늘까지, 배움에 여념이 없었던 새로운 깨달음의 시간이었다. 시 쓰기에 신명을 다 바친 시간이었기에 이번 시집에 대한 애착은 크다. 조금은 자신있게 내놓는 시집이기는 하지만 이는 어디까지나 주관적인 것이다. 다른 이들이 읽으면 혹여 웃을지도 모르나, 어쨌건 나에게는 새 출발의 기념비적인 시집이라 생각한다.

시집을 내는 중요한 이유 중 하나는 여전히 배움의 선상에 있다는 자기 확인을 하기 위해서다. 나는 부족

하다는 것을 잘 안다. 그러므로 더 노력해 가지 않으면 안 된다. 이것이 이 시집을 엮는 주요 이유 중 하나다. 공연히 너스레를 떠는 말이 아니라, 자랑을 떨 아무런 이유가 없는 것이다. 나는 이런 생각을 하고 또 하며 스스로를 겸허하게 채찍질해 가는 중이다.

그러나 한편으로 석수장이 시인이란 호칭에 만족한다. 돌과 더불어 한평생을 살아온 궤적에 비추어 돌쟁이가 돌을 다듬던 정을 들어, 틈틈이 언어의 절차탁마로 시를 써 왔다는 사실은 스스로 기쁜 일이다. 다시 한 번 존귀한 가르침을 주신 산사 선생님께 감사 올리며, 이번 시집을 계기로 더욱 열심히 시를 공부하고, 써갈 것을 다짐하면서 후기를 대신한다.

2013년 6월 30일

운정韻汀 신봉균

시인 신봉균申鳳均

예산 출생
계간 『시와시학』으로 등단
시집 『돌의 미소』 『하늘목어』 『빈항아리의 기도』가 있음
'내포문학' 회장
현재 (주)예산석재 대표이사

E-mail : SbK7744@hanmail.net

눈물 젖은 돌

지은이 | 신봉균
펴낸이 | 김재돈
펴낸곳 | 도서출판 시와시학
1판1쇄 | 2013년 9월 10일
출판등록 | 2010년 8월 10일
등록번호 | 제2010-000036호
주소 | 서울 종로구 명륜동1가 42
전화 | 744-0110
FAX | 3672-2674
값 8,000원

ISBN 978-89-94889-57-3 03810